PROCÈS-VERBAUX

DES

SÉANCES

TENUES

par la Commission chargée de la vérification
et de l'annulation des Titres non émis

DE L'EMPRUNT D'HAÏTI DE 1875

PROCÈS-VERBAL

DE LA PREMIÈRE SÉANCE

Le Gouvernement d'Haïti ayant décidé qu'il y avait lieu d'annuler et de faire rentrer à Port-au-Prince les obligations de 500 (cinq cents) francs de l'emprunt autorisé par les lois des 19 février et 11 mars 1875 (mil huit cent soixante-quinze), non émises, et déposées à la Légation d'Haïti, à Paris, a chargé une commission de procéder à l'exécution de cette mesure.

Le ministre des finances d'Haïti a désigné comme membre de cette commission M. le docteur Janvier; et il a prié M. le président du Conseil d'administration de la Banque nationale d'Haïti, dans une lettre en date du 15 février dernier, dont copie ci-dessous, et où se trouve défini l'objet de la commission, de choisir les deux membres à adjoindre à M. le docteur Janvier.

— Extrait de la lettre du ministre des finances. — « Le « conseil des secrétaires d'Etat ayant décidé que les titres « non émis de l'emprunt de 1875, déposés à la Légation « d'Haïti, à Paris, seront annulés et expédiés à Port-au-« Prince pour y être livrés aux flammes, je vous prie de « vouloir bien désigner deux membres qui se transporteront « à ladite Légation à cette fin. M. Louis Joseph Janvier s'ad-« joindra à la commission, qui dressera inventaire des titres, « lesquels seront annulés et expédiés à Port-au-Prince, comme « il est dit plus haut. »

En vertu de cette autorisation, M. le président du Conseil de la Banque d'Haïti a désigné MM. Ch. de Montferrand, secrétaire général de la Banque d'Haïti, et Roger du Garreau, ancien sous-chef de division du Crédit foncier de France, demeurant à Paris, 38, rue de Grenelle.

La commission ainsi composée a choisi comme président M. le docteur Janvier, et s'est réunie, pour la première fois, le vendredi 8 juillet mil huit cent quatre-vingt-sept, à 1 heure et 1/2 de l'après-midi, dans les bureaux de la Banque d'Haïti, 49, rue Taitbout, sous la présidence de M. le docteur Janvier.

Après quelques pourparlers sur le but de sa mission et la façon dont elle devait la remplir, la commission a résolu de se transporter immédiatement à la Légation d'Haïti, 9, rue Montaigne, pour prendre connaissance du nombre des titres et adopter sur place la meilleure marche à suivre pour assurer de la façon la plus complète l'exécution des instructions du ministre des finances du Gouvernement d'Haïti.

Donnant suite à sa résolution, la commission s'est transportée à la Légation d'Haïti, où elle a été reçue par M. Ch. Laforestrie, ministre d'Haïti, à Paris, qui déclare que M. Dujour, secrétaire de la Légation, est délégué par lui pour livrer les titres et donner à la commission tous les renseignements dont elle pourrait avoir besoin.

M. Dujour a montré à la commission les obligations en question, qui se trouvent entassées dans un coin du bureau de la Légation. Il a expliqué à la commission qu'il avait été créé 166,906 (cent soixante-six mille neuf cent-six) obligations (ce qui résulte d'ailleurs de la mention portée sur les titres) et que 72,929 (soixante-douze mille neuf cent vingt-neuf) obligations seulement avaient été mises en circulation, ce qui aurait réduit à 93,977 (quatre-vingt-treize mille neuf cent soixante-dix-sept) le nombre des titres dont la commission aurait à prendre livraison; mais M. Dujour fait connaître à la commission que 234 (deux cent trente-quatre) titres ont été extraits des volumes déposés à la Légation, comme étant sortis au tirage du 15 décembre 1873, et envoyés au Gouvernement d'Haïti. Ce n'est plus, par suite, que 93,743 (quatre-vingt-treize mille sept cent quarante-trois) obligations que la commission doit trouver dans la masse des titres qui lui sont présentés.

M. Dujour, s'autorisant des inventaires dressés jusqu'à ce jour, fait observer que les titres déposés à la Légation n'ont jamais été vérifiés ni comptés, mais que, par mesure de précaution, M. Laforestrie avait cru devoir les faire couper à la hauteur de la moitié du premier coupon d'intérêts le plus rapproché de la souche.

La commission, après s'être rendu compte de la difficulté qu'elle éprouverait à faire tout le travail de comptage, d'annulation et d'emballage à la Légation, vu l'espace réduit mis à sa disposition, s'est arrêtée à la façon de procéder qui suit :

Les obligations seront comptées et vérifiées dans l'ordre où elles seront présentées à la commission. Elles seront comptées par liasse; on indiquera sur chaque liasse les numéros et le nombre des titres.

Les liasses comptées seront ficelées et cachetées de façon qu'aucun titre ne puisse en être extrait. Lorsqu'une quantité de dix liasses aura été comptée et vérifiée, il sera dressé un état numérique par liasse, en double; l'un de ces états sera conservé par la commission, et l'autre sera joint à chaque liasse. La série ainsi préparée sera transportée au ministère des finances de France, qui met à la disposition de la commission les appareils à annuler.

Le travail de perforation terminé, la série d'obligations ainsi annulée sera transportée à la Banque d'Haïti, 49, rue Taitbout, où il sera procédé sous les yeux de la commission à la mise dans des caisses qui seront fermées puis cachetées avec l'empreinte de la Banque nationale d'Haïti. Les titres, enfermés dans chaque caisse, seront accompagnés d'un état numérique.

Lorsque toutes les obligations auront été comptées, vérifiées, perforées et mises en caisse, l'envoi en sera fait au Gouvernement d'Haïti, à la date et dans les conditions qui seront ultérieurement fixées par la commission.

Après avoir adopté ces mesures, la commission s'est ajournée au mardi 12 juillet, à une heure de l'après-midi, pour procéder au travail dans les conditions convenues.

R. du GARREAU.   Ch. de MONTFERRAND.

Dr Louis JANVIER.

PROCÈS-VERBAL

DE LA DEUXIÈME SÉANCE

Le mardi, 12 juillet mil huit cent quatre-vingt-sept, à une heure de l'après-midi, la commission, composée de MM. le docteur Janvier, de Montferrand et du Garreau, a procédé au comptage de dix liasses de titres.

Ce travail a donné les résultats suivants :

Dans la liasse allant du n° 100,501 au n° 101,000, il manque les n°ˢ 100,635 — 100,827, ce qui réduit la liasse à titres. 498

Dans la liasse allant du n° 95,501 au n° 96,000, il manque les n°ˢ 95,728 — 95,839 — 95,875, ce qui réduit la liasse à titres. 497

Dans la liasse allant du n° 81,501 au n° 82,000, il manque les n°ˢ 81,557 — 81,572 — 81,690, ce qui réduit la liasse à titres. 497

Dans la liasse allant du n° 84,501 au n° 85,000, il manque les n°ˢ 84,710 — 84,915 — 84,991, ce qui réduit la liasse à titres. 497

Dans la liasse allant du n° 110,001 au n° 110,500, il manque les n°ˢ 110,275 — 110,465, ce qui réduit la liasse à titres. 498

A reporter. . . . 2.487

Report. . . .	2.487
Dans la liasse allant du n° 98,501 au n° 99,000, il manque les n°s 98,588 — 98,663 — 98,696 — 98,709, ce qui réduit la liasse à titres.	496
Dans la liasse allant du n° 82,501 au n° 83,000, il manque les n°s 82,514 — 82,550 — 82,577 — 82,780 — 82,795 — 82,938, ce qui réduit la liasse à titres.	494
Dans la liasse allant du n° 105,501 au n° 106,000, il manque les n°s 105,503 — 105,763 — 105,874 — 105,890, ce qui réduit la liasse à titres.	496·
Dans la liasse allant du n° 82,101 au n° 82,500, il manque le n° 82,453, ce qui réduit la liasse à titres.	499
La liasse allant du n° 83,501 au n° 84,000 est complète, c'est-à-dire qu'elle contient 500 (cinq cents) obligations, soit.	500
Ensemble. . . .	4.972

quatre mille neuf cent soixante-douze) obligations munies de tous leurs coupons, sauf de ceux qui sont le plus rapprochés de la souche, qui ont été coupés par moitié, comme nous l'avons mentionné dans le procès-verbal de notre première séance.

En conséquence, la commission a compté 4,972 (quatre mille neuf cent soixante-douze) titres, qui ont été mis sous scellé et qui, par ses soins, seront annulés demain 13 juillet, au ministère des finances.

La commission s'est ajournée au 13 juillet courant.

R. du GARREAU. Ch. de MONTFERRAND.

Dr Louis JANVIER.

PROCÈS-VERBAL

DE LA TROISIÈME SÉANCE

Le treize juillet mil huit cent quatre-vingt-sept, à une heure de l'après-midi, la commission s'est réunie à la Légation d'Haïti. Elle a pris les dix liasses contenant 4,972 (quatre mille neuf cent soixante-douze) titres dont elle a donné reçu à la Légation ; elle les a transportées au ministère des finances et a fait perforer les titres qui les composaient.

Le travail de perforation terminé, elle a déposé les titres à la Banque nationale d'Haïti, pour qu'ils soient mis en caisse au jour et de la façon qu'elle jugera le plus convenable.

Le même jour la commission a procédé à la vérification de douze liasses.

Dans la liasse allant du n° 91,501 au n° 92,000, il manque les nos 91,508 — 91,606 — 91,630 — 91,647 — 91,576 — 91,808, ce qui réduit la liasse à titres.................................... 494

Dans la liasse allant du n° 86,501 au n° 87,000, il manque les nos 86,632 — 86,814, ce qui réduit la liasse à titres................................... 498

Dans la liasse allant du n° 79,001 à 79,500, il manque les nos 79,051 et 79,401, ce qui réduit la liasse à titres................................... 498

A reporter...   1.490

Report. . . 1.490

Dans la liasse allant du n° 97,501 au n° 98,000, il manque le n° 97,610, ce qui réduit la liasse à titres. 499

Dans la liasse allant du n° 108,001 au n° 108,500, il manque le n° 108,470, ce qui réduit la liasse à titres. 499

Dans la liasse allant du n° 109,001 au n° 109,500, il manque les n°s 109,057 — 109,057 — 109,274 — 109,419 — 109,447 — 109,479, ce qui réduit la liasse à titres 494

Dans la liasse allant du n° 110,501 au n° 110,100, il manque les n°s 110,716 — 110,757 — 110,815 — 110,841, ce qui réduit la liasse à titres. 496

Dans la liasse allant du n° 112,501 à 113,000, il manque les n°s 112,538 — 112,722 — 112,777, ce qui réduit la liasse à titres. 497

Dans la liasse allant du n° 88,001 au n° 88,500, il manque les n°s 88,276 — 88,401, ce qui réduit la liasse à titres. 498

Les liasses allant
Du n° 92,501 au n° 93,000
» 141,501 » 142,000
» 143,501 » 144,000
sont complètes, c'est-à-dire que chacune d'elles contient 500 (cinq cents titres), soit. 1.500

En ajoutant à ce chiffre de (cinq mille neuf cent soixante-treize). 5.973

Celui des obligations vérifiées la veille. . . 4.972

Le nombre total est de. 10.945

C'est donc dix mille neuf cent quarante-cinq titres que la commission a vérifiés jusqu'à ce jour.

Les douze liasses préparées dans cette séance ont été mises sous scellés, en attendant le travail de perforation qui aura lieu le 15 juillet.

Les titres contenus dans les douze liasses ci-dessus sont munis de tous leurs coupons, sauf de ceux qui sont les plus rapprochés de la souche, qui ont été coupés par moitié, comme nous l'avons dit dans notre dernière séance.

La commission s'est ajournée au vendredi 15 juillet, à une heure de l'après-midi, pour continuer son travail.

R. du GARREAU. Ch. de MONTFERRAND.

Dr Louis JANVIER.

PROCÈS-VERBAL

DE LA QUATRIÈME SÉANCE

Le vendredi 15 juillet mil huit cent quatre-vingt-sept, à une heure de l'après-midi, la commission s'est réunie à la Légation d'Haïti. Elle a pris les douze liasses qui avaient été mises sous scellés à la dernière séance et qui renfermaient 5,973 (cinq mille neuf cent soixante-treize titres) dont elle a donné reçu à la Légation. Elles les a transportées au ministère des finances et a fait perforer les titres qui les composaient.

Le travail de perforation terminé, elle a déposé les titres à la Banque nationale d'Haïti pour qu'ils soient mis en caisse au jour et de la façon qu'elle jugera le plus convenable.

Le même jour la commission a procédé à la vérification des vingt liasses.

Dans la liasse allant du n° 89,501 au n° 90,000, il manque le n° 89,702, ce qui réduit la liasse à titres. 499

Dans la liasse allant du n° 86,001 au n° 86,500, il manque les nos 86,355 — 86,358, ce qui réduit la liasse à titres. 498

Dans la liasse allant du n° 106,001 au n° 106,500, il manque les nos 106,353 — 106,429, ce qui réduit la liasse à titres. 498

A reporter. . . 1.495

Report. . . 1.495

Les liasses allant

Du	n° 143,000	au n°	143,500
»	147,001	»	147,500
»	159,501	»	160,000
»	161,501	»	162,000
»	161,001	»	161,500
»	158,001	»	158,500
»	140,001	»	140,500
»	157,001	»	157,500
»	156,501	»	157,000
»	158,501	»	159,000
»	162,501	»	163,000
»	162,001	»	162,500
»	160,501	»	161,000
»	154,501	»	155,000
»	160,001	»	160,500
»	144,001	»	144,500
»	147,501	»	148,000

sont complètes, c'est-à-dire que chacune d'elles contient 500 (cinq cent titres), soit 8.500

Ces (neuf mille neuf cent quatre-vingt-quinze) 9.995

obligations représentent avec les 10.945

vérifiées dans les séances précédentes, un total de. 20.940
(vingt mille neuf cent quarante) titres. Ils sont munis de tous leurs coupons, sauf de ceux qui sont le plus rapprochés de la souche qui ont été coupés par moitié, comme nous

l'avons indiqué dans les procès-verbaux des séances précédentes.

Les vingt liasses vérifiées ce jour ont été mises sous scellés en attendant leur perforation.

La commission s'est ajournée au samedi 16 juillet.

R. du GARREAU.   Ch. de MONTFERRAND.

Dr Louis JANVIER.

PROCÈS-VERBAL

DE LA CINQUIÈME SÉANCE

Le samedi 16 juillet mil huit cent quatre-vingt-sept, la commission s'est réunie à la Légation d'Haïti pour y continuer ses opérations.

Elle a pris les vingt liasses qui avaient été vérifiées la veille; elle en a donné reçu à la Légation et les a transportées au ministère des finances afin de faire perforer les 9,995 (neuf mille neuf cent quatre-vingt-quinze) titres qui les composaient.

Le travail de perforation terminé, la commission a déposé ces vingt liasses à la Banque nationale d'Haïti, où elles seront mises en caisse le jour et de la façon qu'elle décidera ultérieurement.

Le même jour, il a été procédé au comptage et à la vérification de vingt nouvelles liasses.

Dans la liasse allant du n° 76,001 au n° 76,500, il manque les n°ˢ 76,152 — 76,348 — 76,389, ce qui réduit la liasse à titres.	497
Dans la liasse allant du n° 80,501 au n° 81,000, il manque les n°ˢ 80,852 — 80,904 — 80,961, ce qui réduit la liasse à titres.	497
A reporter. . .	994

Report...	994
Dans la liasse allant du n° 83,001 au n° 83,500, il manque les n°ˢ 83,064 — 83,373 — 83,477, ce qui réduit la liasse à titres............	497
Dans la liasse allant du n° 91,001 au n° 91,500, il manque les n°ˢ 91,247 — 91,316 — 91.320 — 91,331, ce qui réduit la liasse à titres.......	496
Dans la liasse allant du n° 93,001 au n° 93,500, il manque les n°ˢ 93,057 — 93,065 — 93,392, ce qui réduit la liasse à titres............	497
Dans la liasse allant du n° 93,501 au n° 94,000, il manque le n° 93,622, ce qui réduit la liasse à titres..................	499
Dans la liasse allant du n° 94,001 à 94,500, il manque les n°ˢ 94,079 — 94,154 — 94,212 — 94,221, ce qui réduit la liasse à titres........	496
Dans la liasse allant du n° 102,501 au n° 103,000, il manque le n° 102,872, ce qui réduit la liasse à titres..................	499
Dans la liasse allant du n° 104,501 au n° 105,000, il manque les n°ˢ 104,558 — 104,939, ce qui réduit la liasse à titres...............	498
Dans la liasse allant du n° 111,001 au n° 111,500, il manque les n°ˢ 111,223 — 111,263 — 111,357, ce qui réduit la liasse à titres...........	497
Dans la liasse allant du n° 84,001 au n° 84,500, il manque les n°ˢ 84,015 — 84,341 — 84,378, ce qui réduit la liasse à titres............	497
A reporter...	5.470

Report . .	5.470

Les liasses allant

Du n° 85,001	au n°	85,500
» 107,501	»	108,000
» 136,001	»	136,500
» 139,501	»	140,000
» 141,001	»	141,500
» 142,001	»	142,500
» 142,501	»	143,000
» 146,501	»	147,000
» 155,501	»	156,000

sont complètes, c'est-à-dire que chacune d'elles renferme 500 titres (cinq cents), soit.	4.500
En ajoutant à ce nombre de.	9.970
(neuf mille neuf cent soixante-dix) obligations, les vingt mille neuf cent quarante.	20 940
vérifiées dans les séances précédentes, le chiffre des titres comptés jusqu'à ce jour s'élève à.	30.910

Les vingt liasses préparées ce jour ont été mises sous scellés en attendant le travail de perforation, qui aura lieu le 18 courant.

Les titres contenus dans les liasses ci-dessus sont munis de tous leurs coupons, sauf de ceux qui sont les plus rapprochés de la souche, qui ont été coupés par moitié, comme nous l'avons fait remarquer dans les procès-verbaux de nos dernières séances.

La commission s'est ajournée au lundi 18 juillet, pour continuer ses travaux.

R. du GARREAU.   Ch. de MONTFERRAND.

Dʳ Louis JANVIER.

PROCÈS-VERBAL

DE LA SIXIÈME SÉANCE

Le lundi 18 juillet mil huit cent quatre-vingt-sept, la commission s'est réunie à la Légation d'Haïti pour continuer ses travaux. Elle a pris les vingt liasses qui avaient été vérifiées le samedi 16 juillet ; elle en a donné reçu à la Légation et les a transportées au ministère des finances, afin de faire perforer les 9,970 (neuf mille neuf cent soixante-dix) titres qui les composaient.

Le travail de perforation terminé, la commission a déposé ces vingt liasses à la Banque nationale d'Haïti, où leur mise en caisse aura lieu le jour et de la façon qu'elle jugera le plus convenable.

Le même jour il a été procédé au comptage et à la vérification de vingt liasses.

Dans la liasse allant du n° 79,501 au n° 80,000, il manque le n° 73,601, ce qui réduit la liasse à titres. 499

Dans la liasse allant du n° 87,001 au n° 87,500, il manque les n°s 87,150 — 87,169 — 87,272 — 87,364 — 87,403, ce qui réduit la liasse à titres. . 495

Dans la liasse allant du n° 88,501 au n° 89,000, il manque le n° 88,554, ce qui réduit la liasse à titres 499

A reporter. . . 1.493

                                       Report...   1.493

Dans la liasse allant du n° 92,001 au n° 92,500,
il manque les n°ˢ 92,194 — 92,410 — 92,444, ce qui
réduit la liasse à titres.   497

Dans la liasse allant du n° 99,601 au n° 99,500,
il manque les n°ˢ 99,053 — 99,229 — 99,436, ce qui
réduit la liasse à titres.   497

Dans la liasse allant du n° 103,501 au n° 104,000,
il manque les n°ˢ 103,929 — 103,944, ce qui réduit
la liasse à titres.   498

Dans la liasse allant du n° 106,501 au n° 107,000,
il manque les n°ˢ 106,528 — 106,612 — 106,669 —
106,632 — 106,891, ce qui réduit la liasse à titres .   495

Dans la liasse allant du n° 112,001 au n° 112,500,
il manque les n°ˢ 112,291 — 112,399 — 112,493, ce
qui réduit la liasse à titre.   497

Les liasses allant

Du n°	89,001	au n°	89,500
»	94,501	»	95,000
»	138,001	»	138,500
»	139,001	»	139,500
»	140,501	»	141,000
»	145,501	»	146,000
»	146,001	»	146,500
»	149,500	»	150,000
»	150,501	»	151,000
»	151,001	»	151,500
»	152,001	»	152,500
»	153,501	»	154,000

                                    A reporter...   3.977

| | Report... | 3.977 |

sont complètes, c'est-à-dire que chacune d'elles contient 500 (cinq cents) titres, soit. 6.000

Ces neuf mille neuf cent soixante-dix-sept obligations 9.977
ajoutées aux. 30.910

vérifiées précédemment, portent le chiffre des titres comptés jusqu'à ce jour à. 40.887

Les vingt liasses préparées ce jour ont été mises sous scellés en attendant le travail de perforation.

Les titres contenus dans les vingt liasses ci-dessus sont munis de tous leurs coupons, sauf ceux qui sont les plus rapprochés de la souche, qui ont été coupés par moitié, comme nous l'avons fait observer dans les procès-verbaux de nos séances précédentes.

La commission s'est ajournée à demain, mardi 19 juillet, pour continuer ses opérations.

R. du GARREAU.   Ch. de MONTFERRAND.

Dr Louis JANVIER.

PROCÈS-VERBAL

DE LA SEPTIÈME SÉANCE

Le mardi 19 juillet mil huit cent quatre-vingt-sept, à une heure de l'après-midi, la commission s'est réunie à la Légation d'Haïti, afin d'y continuer ses travaux. Elle a pris les vingt liasses qui avaient été vérifiées la veille; elle en a donné reçu à la Légation et les a transportées au ministère des finances pour faire perforer les 9,977 (neuf mille neuf cent soixante-dix-sept) titres qui les composaient.

Le travail de perforation terminé, la commission a déposé ces vingt liasses à la Banque nationale d'Haïti où leur mise en caisse aura lieu le jour et de la façon qu'elle jugera le plus convenable.

Le même jour la commission a procédé au comptage et à la vérification de vingt liasses.

Dans la liasse allant du n° 77,501 au n° 78,000, il manque les n°ˢ 77,518 — 77,730 — 77,881 — 77,919, ce qui réduit la liasse à titres.......... 496

Dans la liasse allant du n° 78,001 au n° 78,500, il manque les n°ˢ 78,050 — 78,391 — 78,461 — 78,493, ce qui réduit la liasse à titres....... 496

Dans la liasse allant du n° 81,001 au n° 81,500, il manque les n°ˢ 81,307 — 81,341 — 81,346, ce qui réduit la liasse à titres............... 497

A reporter... 1.489

Report. . . 1.489

Dans la liasse allant du n° 96,501 au n° 97,000, il manque les n°ˢ 96,736 — 96,752 — 96,763 — 96,780 — 96,944, ce qui réduit la liasse à titres. . 495

Dans la liasse allant du n° 97,001 au n° 97,500, il manque le n° 97,180, ce qui réduit la liasse à titres.. 499

Dans la liasse allant du n° 98,001 au n° 98,500, il manque les n°ˢ 98,252 — 98,415 — 98,417 — 98,426, ce qui réduit la liasse à titres. 496

Dans la liasse allant du n° 100,001 au n° 100,500, il manque les n°ˢ 100,294 — 100,418, ce qui réduit la liasse à titres. 498

Dans la liasse allant du n° 101,001 au n° 101,500, il manque les n°ˢ 101,206 — 101,294, ce qui réduit la liasse à titres. 498

Dans la liasse allant du n° 102,001 au n° 102,500, il manque le n° 102,092, ce qui réduit la liasse à titres. 499

Dans la liasse allant du n° 103,001 au n° 103,500, il manque les n°ˢ 103,340 — 103,345 — 103,497, ce qui réduit la liasse à titres. 497

Dans la liasse allant du n° 109,501 au n° 110,000, il manque les n°ˢ 109,530 — 109,579 — 109,812 — 109,827 — 109,892, ce qui réduit la liasse à titres.. 495

Les liasses allant

Du n° 107,001 au n° 107,500
» 133,501 » 134,000

A reporter. . . 5.466

	Report. . .	5.466

Du n° 134,001 au n° 134,500
» 134,501 » 135,000
» 136,501 » 137,000
» 137,501 » 138,000
» 150,001 » 150,500
» 151,501 » 152,000
» 152,501 » 153,000

sont complètes, c'est-à-dire que chacunes d'elles renferme 500 (cinq cents) titres, soit. 4.500

En ajoutant à ces neuf mille neuf cent soixante-six   9.966
obligations, les (quarante mille huit cent quatre-vingt-sept) vérifiées précédemment.. . . . . . .   40.887

le chiffre total des titres comptés jusqu'à ce jour, est de.   50.853

Les vingt liasses vérifiées ce jour ont été mises sous scellés en attendant le travail de perforation qui aura lieu demain, mercredi, 20 juillet.

Les titres contenus dans les vingt liasses ci-dessus sont tous munis de leurs coupons, sauf de ceux qui sont les plus rapprochés de la souche, qui ont été coupés par moitié, comme nous l'avons indiqué dans les procès-verbaux de nos précédentes séances.

La commission s'est ajournée à demain mercredi 20 juillet, pour continuer ses travaux.

R. du GARREAU.   Ch. de MONTFERRAND.

Dr Louis JANVIER.

PROCÈS-VERBAL

DE LA HUITIÈME SÉANCE

Le mercredi 20 juillet mil huit cent quatre-vingt-sept, à une heure de l'après-midi, la commission s'est réunie à la Légation d'Haïti. Elle a pris les vingt liasses vérifiées la veille et a donné reçu à la Légation d'Haïti des 9,966 (neuf mille neuf cent soixante-six) titres qui les composaient. Elles les a transportées au ministère des finances, afin d'y faire perforer ces titres.

Le travail de perforation terminé, elle a déposé les titres à la Banque nationale d'Haïti, où leur mise en caisse aura lieu le jour et de la façon qu'elle décidera ultérieurement.

Le même jour la commission a procédé à la vérification de vingt-deux liasses.

Dans la liasse allant du n° 77,001 au n° 77,500, il manque les n°ˢ 77,093 — 77,487, ce qui réduit la liasse à titres. 498

Dans la liasse allant du n° 78,501 au n° 79,000, il manque les n°ˢ 78,633 — 78,713, ce qui réduit la liasse à titres. 498

Dans la liasse allant du n° 80,001 au n° 80,500, il manque le n° 80,036, ce qui réduit la liasse à titres. 499

A reporter. . . 1.495

Report...	1.495

Dans la liasse allant du n° 99,501 au n° 100,000, il manque les n°s 99,517 — 99,598 — 99,666 — 99,869, ce qui réduit la liasse à titres 496

Dans la liasse allant du n° 104,001 au n° 104,500, il manque les n°s 104,010 — 104,294 — 104,379 — 104,395, ce qui réduit la liasse à titres...... 496

Dans la liasse allant du n° 111,501 au n° 112,000, il manque les n°s 111,522 — 111,560 — 111,638 — 111,735 — 111,911 — 111,938, ce qui réduit la liasse à titres................. 494

Dans la liasse allant du n° 113,001 au n° 113,500, il manque les n°s 113,090 — 113,437 — 113,462, ce qui réduit la liasse à titres............. 497

Dans la liasse allant du n° 113,501 au n° 114,000, il manque les n°s 113,635 — 113,912, ce qui réduit la liasse à titres............... 498

Dans la liasse allant du n° 116,501 au n° 117,000, il manque le n° 116,625, ce qui réduit la liasse à titres....................... 499

Les liasses allant

  Du n° 120,001 au n° 120,500
  »   121,501 » 122,000
  »   122,001 » 122,500
  »   122,501 » 123,000
  »   128,001 » 128,500
  »   128,501 » 129,000
  »   129,501 » 130,000
  »   130,001 » 130,500

A reporter...	4.475

Report...	4.475

Du n° 131,500	au	n° 132,000
» 133,001	»	133,500
» 135,001	»	135,500
» 135,501	»	136,000
» 153,001	»	153,500

sont complètes, c'est-à-dire que chacune d'elles renferme 500 (cinq cents) titres, soit.......	6.500
En ajoutant à ces (dix mille neuf cent soixante-quinze)............	10.975
obligations les (cinquante mille huit cent cinquante-trois).............	50.853
vérifiées dans les séances précédentes, le chiffre total des titres comptés jusqu'à ce jour est de...	61.828

Ces titres sont munis de tous leurs coupons, sauf de ceux qui sont les plus rapprochés de la souche, qui ont été coupés par moitié, comme nous l'avons fait remarquer dans les procès-verbaux de nos séances précédentes.

Les vingt-deux liasses vérifiées ce jour ont été mises sous scellés, en attendant le travail de perforation.

La commission décide que les 102 (cent deux) liasses renfermant 50,853 (cinquante mille huit cent cinquante-trois) obligations vérifiées, comptées et perforées jusqu'au 19 juillet inclus, seront mises en caisse le jeudi 21 juillet.

Avant de procéder à cette opération, la commission a pensé qu'elle devait s'assurer que les 147 (cent quarante-sept) titres dont elle a reconnu le retrait des liasses ci-dessus correspondent exactement aux titres qui ont été, d'après la déclaration de M. Dujour, extraits des liasses, comme sortis au tirage du 15 décembre 1875, et expédiés au Gouvernement d'Haïti.

Malgré ses démarches, la commission n'a pu se procurer

que la copie d'une liste manuscrite dont le fac-similé est joint à ce procès-verbal et qui lui a été communiquée par le consulat général d'Haïti, à Paris.

Le pointage qu'a fait la commission de cette liste avec les obligations renfermées dans les liasses vérifiées et comptées par elle a amené la constatation ci-après : les trois titres n°s 112,777 — 103,929 et 102,092 ont été extraits des liasses, bien qu'ils ne figurent pas sur la liste du tirage du 15 décembre 1875.

Les deux titres n°s 122,277 et 102,096 sont mentionnés sur la liste, comme sortis au tirage, et cependant n'ont pas été extraits des liasses.

Le Gouvernement haïtien, qui va se trouver en possession de tous les titres par suite de l'envoi que lui fait la commission des obligations non souscrites, et par suite de l'expédition que lui a faite la Légation des obligations amorties, sera à même de se rendre compte de l'importance de ces erreurs, qui ne portent probablement que sur les numéros, sans affecter le chiffre total des titres extraits des liasses.

La commission s'est ajournée au jeudi 21 juillet.

R. du GARREAU.   Ch. de MONTFERRAND.

Dr Louis JANVIER.

PROCÈS-VERBAL

DE LA NEUVIÈME SÉANCE

Le jeudi 21 juillet mil huit cent quatre-vingt-sept, à une heure de l'après-midi, la commission s'est réunie à la Légation d'Haïti pour continuer ses opérations. Elle a pris vingt-deux liasses renfermant 10,975 (dix mille neuf cent soixante-quinze) titres, dont elle a donné reçu à la Légation. Elles les a transportées au ministère des finances pour faire perforer les titres qui les composaient.

Le travail de perforation terminé, la commission a déposé les titres à la Banque nationale d'Haïti, où leur mise en caisse aura lieu de la façon qu'elle jugera le plus convenable.

Le même jour elle a procédé à la vérification des vingt-deux nouvelles liasses.

Dans la liasse allant du n° 85,501 au n° 86,000, il manque les n°ˢ 85,605 — 85,943 — 85,944, ce qui réduit la liasse à titres. 497

Dans la liasse allant du n° 87,501 au n° 88,000, il manque les n°ˢ 87,515 — 87,874, ce qui réduit la liasse à titres. 498

Dans la liasse allant du n° 90,001 au n° 90,500, il manque les n°ˢ 90,073 — 90,203, ce qui réduit la liasse à titres. 498

A reporter. . . 1.493

Report...	1.493

Dans la liasse allant du n° 90,501 au n° 91,000, il manque les n°ˢ 90,536 — 90,601 — 90,825 — 90,994, ce qui réduit la liasse à titres...... 496

Dans la liasse allant du n° 95,001 au n° 95,500, il manque le n° 95,164, ce qui réduit la liasse à titres.................. 499

Dans la liasse allant du n° 96,001 au n° 96,500, il manque les n°ˢ 96,226 — 96,260 — 96,362 — 96,451, ce qui réduit la liasse à titres...... 496

Dans la liasse allant du n° 105,001 au n° 105,500, il manque les n°ˢ 105,191 — 105,252 — 105,291 — 105,870 — 105,393 — 105,498, ce qui réduit la liasse à titres................... 494

Dans la liasse allant du n° 108,501 au n° 109,000, il manque les n°ˢ 108,585 — 108,811, ce qui réduit la liasse à titres................. 498

Dans la liasse allant du n° 101,500 au n° 102,000, il manque les n°ˢ 101,597 — 101,822 — 101,982 — 101,996, ce qui réduit la lisse à titres...... 496

Les liasses allant

Du n°	76,501	au n°	77,000
»	138,501	»	139,000
»	145,001	»	145,500
»	144,501	»	145,000
»	148,001	»	148,500
»	148,501	»	149,000

A reporter...	4.472

Report . . .   4.472

Du n° 149,001 au n° 149,500
» 156,000 » 156,500
» 164,001 » 164,500
» 164,501 » 165,000
» 165,001 » 165,500
» 165,501 » 166,000
» 166,001 » 166,500

sont complètes, c'est-à-dire que chacune d'elles renferme 500 (cinq cents) titres, soit. 6.500

Ce chiffre de dix (dix mille neuf cent soixante-douze). 10.972
ajouté à celui de (soixante et un mille huit cent vingt-huit).   61.828
nombre de titres vérifiés dans nos dernières séances, donne un total de (soixante-douze mille huit cents).   72.800

Ces titres sont munis de tous leurs coupons, sauf de ceux qui sont les plus rapprochés de la souche, qui ont été coupés par moitié, comme nous l'avons déjà fait remarquer.

Les vingt-deux liasses vérifiées ce jour, ont été mises sous scellés en attendant leur perforation.

Conformément à la décision prise dans sa réunion du 20 juillet, la commission a procédé à la mise en caisse de 102 (cent deux) liasses renfermant 50,853 (cinquante mille huit cent cinquante-trois) titres comptés, vérifiés et perforés jusqu'au 19 juillet inclusivement.

Les caisses destinées à recevoir des titres sont en bois

blanc, doublées de feuilles de fer-blanc, et offrent toute sécurité pour le transport.

Elles portent, comme marque indicative, les lettres **G. H.**, et sont numérotées de 1 à 10.

Dans la caisse n° 1, la commission a enfermé 18 (dix-huit) liasses, représentant 8,957 Obligations, et dont 43 titres sont indiqués comme manquant, suivant détail ci-après :

Nos des Bordereaux.	Liasse.	Nos des Liasses.	Nombre de Titres par Liasse.	Nombre de Titres manquant.
1	1	83.501	500	»
2	1	82.001	499	1
3	1	105.501	496	4
4	1	82.500	494	6
5	1	98.501	496	4
6	1	110.001	498	2
7	1	84.501	497	3
8	1	81.501	497	3
9	1	95.501	497	3
10	1	100.501	498	2
13	1	88.001	498	2
14	1	91.501	494	6
15	1	92.501	500	»
16	1	97.501	499	1
11	1	79.001	498	2
19	1	110.501	496	4
21	1	141.501	500	»
22	1	143.501	500	»
Totaux. . .	18		8.957	43

Dans la caisse n° 2, la commission a enfermé 22 (vingt-deux) liasses, représentant 10,983 Obligations, et dont 17 titres sont indiqués comme manquant, suivant détail ci-après :

Nos des Bordereaux.	Liasse.	Nos des Liasses.	Nombre de Titres par Liasse.	Nombre de Titres manquant.
12	1	86.501	498	2
17	1	108.001	499	1
18	1	109.001	494	6
20	1	112.501	497	3
34	1	156.501	500	»
40	1	160.001	500	»
27	1	147.001	500	»
35	1	158.501	500	»
26	1	143.001	500	»
23	1	89.501	499	1
39	1	154.501	500	»
36	1	162.001	500	»
30	1	161.001	500	»
32	1	140.001	500	»
25	1	106.001	498	2
24	1	86.001	498	2
41	1	144.001	500	»
37	1	160.501	500	»
38	1	162.501	500	»
42	1	147.501	500	»
33	1	157.001	500	»
31	1	158.001	500	»
Totaux...	22		10.983	17

Dans la caisse n° 3, la commission a enfermé 18 (dix-huit) liasses, représentant 8,975 Obligations, et dont 25 titres sont indiqués comme manquant, suivant détail ci-après :

Nos des Bordereaux.	Liasse.	Nos des Liasses.	Nombre de Titres par Liasse.	Nombre de Titres manquant.
28	1	159.501	500	»
29	1	161.501	500	»
43	1	76.001	497	3
44	1	80.501	497	3
45	1	83.001	497	3
46	1	91.001	496	4
47	1	93.001	497	3
48	1	93.501	499	1
49	1	94.001	496	4
50	1	102.501	499	1
53	1	84.001	497	3
55	1	107.501	500	»
56	1	136.001	500	»
57	1	139.501	500	»
58	1	141.001	500	»
59	1	142.001	500	»
60	1	142.501	500	»
61	1	146.501	500	»
Totaux...	18		8.975	25

Dans la caisse n° 4, la commission a enfermé 18 (dix-huit) liasses représentant 8,976 Obligations, et dont 24 titres sont indiqués comme manquant, suivant détail ci-après :

Nos des Bordereaux.	Liasse.	Nos des Liasses.	Nombre de Titres par Liasse.	Nombre de Titres manquant.
51	1	104.501	498	2
52	1	111.001	497	3
54	1	85.001	500	»
62	1	155.501	500	»
A reporter..	4		1.995	5

Nos des Bordereaux.	Liasse.	Nos des Liasses.	Nombre de Titres par Liasse.	Nombre de Titres manquant.
Report.	4		1.995	5
64	1	87.001	495	5
65	1	88.501	499	1
67	1	99.001	497	3
68	1	103.501	498	2
69	1	106.501	495	5
70	1	112.101	497	3
71	1	89.001	500	»
72	1	94.501	500	»
74	1	139.001	500	»
76	1	145.501	500	»
79	1	150.501	500	»
80	1	151.001	500	»
81	1	152.001	500	»
82	1	153.501	500	»
Totaux...	18		8.976	24

Dans la caisse n° 5, la commission a enfermé 18 (dix-huit) liasses, renfermant 8,973 Obligations, et dont 27 titres sont indiqués comme manquant, suivant détail ci-après :

Nos des Bordereaux.	Liasse.	Nos des Liasses.	Nombre de Titres par Liasse.	Nombre de Titres manquant.
77	1	146.001	500	»
63	1	79.501	499	1
78	1	149.501	500	»
75	1	140.501	500	»
66	1	92.001	497	3
73	1	138.001	500	»
89	1	100.001	498	2
A reporter..	7		3.494	6

— 35 —

Nos des Bordereaux.	Liasse.	Nos des Liasses.	Nombre de Titres par Liasse.	Nombre de Titres manquant.
Report.	7		3.494	6
95	1	133.501	500	»
102	1	152.501	500	»
85	1	81.001	497	3
90	1	101.001	498	2
97	1	134.501	500	»
91	1	102.001	499	1
93	1	109.501	495	5
98	1	136.501	500	»
86	1	96.501	495	5
87	1	97.001	499	1
88	1	98.001	496	4
Totaux...	18		8.973	27

Dans la caisse n° 6, la commission a enfermé 8 (huit) liasses, représentant 3,989 obligations et dont 11 titres sont indiqués comme manquant, suivant détail ci-après :

Nos des Bordereaux.	Liasse.	Nos des Liasses.	Nombre de Titres par Liasse.	Nombre de Titres manquant.
96	1	134.001	500	»
101	1	151.501	500	»
94	1	117.001	500	»
84	1	78.001	496	4
99	1	137.501	500	»
83	1	77.501	496	4
92	1	103.001	497	3
100	1	150.001	500	»
Totaux...	8		3.989	11

RÉCAPITULATION

Nos des Caisses.	Nombre de Liasses.	Nombre de Titres.	Nombre de Titres manquant.
1	18	8.957	43
2	22	10.983	17
3	18	8.975	25
4	18	8.976	24
5	18	8.973	27
6	8	3.989	11
Totaux	162	50.853	147

Ce qui donne bien un total de 102 (cent deux) liasses, de 50,853 (cinquante mille huit cent cinquante-trois) obligations et de 147 (cent quarante-sept) titres manquant.

La commission a fait procéder sous ses yeux à la fermeture des 5 (cinq) premières caisses, dont les feuilles de fer-blanc ont été soudées intérieurement. Elle a apposé sur chaque caisse deux empreintes à la cire, du timbre de la Banque nationale d'Haïti.

Quant à la sixième caisse, elle a été mise sous scellés, en attendant qu'elle puisse être complétée ultérieurement avec les titres restant à compter et à perforer.

La commission s'est ajournée au 22 juillet pour continuer ses opérations.

R. du GARREAU. Ch. de MONTFERRAND.

Dr Louis JANVIER.

PROCÈS-VERBAL

DE LA DIXIÈME SÉANCE

Le vendredi 22 juillet mil huit cent quatre-vingt-sept, à une heure de l'après-midi, la commission s'est réunie à la Légation d'Haïti pour continuer ses opérations. Elle a pris les vingt-deux liasses renfermant 10,972 (dix mille neuf cent soixante-douze) titres dont elle a donné reçu à la Légation. Elles les a transportées au ministère des finances pour faire perforer les titres qui les composaient.

Le travail de perforation terminé, la commission a déposé les titres à la Banque nationale d'Haïti, où leur mise en caisse aura lieu le lundi 25 juillet.

Le même jour il a été procédé à la vérification de vingt-deux liasses.

Dans la liasse allant du n° 114,001 au n° 114,500, il manque les n°ˢ 114,202 — 114,302 — 114,392 — 114,456, ce qui réduit la liasse à titres.   496

Dans la liasse allant du n° 115,501 au n° 116,000, il manque les n°ˢ 115,653 — 115,775 — 115,859 — 115,888, ce qui réduit la liasse à titres.   496

Les liasses allant

    Du n° 117,001 au n° 117,500
    »   117,501   »   118,000

A reporter. . .   992

Report . . 992

Du n°	118,001	au n°	118,500
»	119,501	»	120,000
»	123,001	»	123,500
»	123,501	»	124,000
»	125,001	»	125,500
»	126,001	»	126,500
»	126,501	»	127,000
»	127,501	»	128,000
»	129,000	»	129,500
»	130,501	»	131,000
»	131,001	»	131,500
»	132,501	»	133,000
»	154,001	»	154,500
»	155,500	»	155,500
»	157,501	»	158,000
»	159,001	»	159,500
»	163,001	»	163,500
»	163,501	»	164,000

sont complètes, c'est-à-dire que chacune d'elles renferme 500 (cinq cents) titres, soit. 10.000

Ce chiffre de (dix mille neuf cent quatre-vingt-douze) obligations 10.992

ajouté à celui de. 72.800

vérifiées précédemment, élève le chiffre total des titres comptés jusqu'à ce jour à 83.792

Ces **vingt-deux** liasses ont été mises sous scellés en attendant le travail de perforation qui aura lieu demain samedi, 23 juillet.

Les titres contenus dans les liasses ci-dessus sont munis de tous leurs coupons, sauf de ceux qui sont les plus rapprochés de la souche, qui ont été coupés par moitié, comme nous l'avons déjà indiqué dans les procès-verbaux de nos dernières séances.

La commission s'est ajournée au samedi 23 juillet pour continuer son travail.

R. du GARREAU.   Ch. de MONTFERRAND.

Dr Louis JANVIER.

PROCÈS-VERBAL

DE LA ONZIÈME SÉANCE

Le samedi 23 juillet mil huit cent quatre-vingt-sept, à une heure de l'après-midi, la commission s'est réunie à la Légation d'Haïti. Elle a pris les vingt-deux liasses vérifiées la veille; elle a donné reçu à la Légation des 10,992 (dix mille neuf cent quatre-vingt-douze) titres qui y étaient renfermés et les a transportés au ministère des finances pour les faire perforer.

Le travail de perforation terminé, la commission a déposé les titres à la Banque nationale d'Haïti, où leur mise en caisse aura lieu le lundi 25 courant.

Le même jour, il a été procédé à la vérification des quatorze liasses qui formaient le solde des titres à inventorier. Ce travail a donné les résultats suivants :

Dans la liasse allant du n° 114,501 au n° 115,000, il manque les n°s 114,502 — 114,592 — 114,681 — 114,858 — 114,925, ce qui réduit la liasse à titres. 495

Dans la liasse allant du n° 115,001 au n° 115,500, il manque les n°s 115,250 — 115,266 — 115,307 — 115,378, ce qui réduit la liasse à titres. 496

Dans la liasse allant du n° 116,001 au n° 116,500, il manque les n°s 116,057 — 116,191 — 116,296 — 116,297, ce qui réduit la liasse à titres. 496

A reporter. . . 1.487

Report. . . 1.487

Les liasses allant

	Du n° 118,501	au n°	119,000
	» 119,001	»	119,500
	» 120,501	»	121,000
	» 121,001	»	121,500
	» 124,001	»	124,500
	» 124,501	»	125,000
	» 125,501	»	126,000
	» 127,001	»	127,500
	» 132,001	»	132,500
	» 137,001	»	137,500
	» 166,501	»	166,906

sont complètes, c'est-à-dire que chacune d'elles renferme 500 (cinq cents) titres, sauf la dernière, qui n'en contient que 406 représentant la fraction des titres créés, soit. 5.406

En ajoutant à ce chiffre de. 6.893

obligations les. 83.792

vérifiées dans les séances précédentes, le chiffre total des titres que la commission a comptée est de (quatre-vingt-dix mille six cent quatre-vingt-cinq), 90.685

Outre les titres numérotés, la commission a trouvé deux liasses de titres non numérotés; l'une de 500 feuilles et l'autre de 496. Ces feuilles étaient destinées à remplacer des titres que l'imprimeur aurait pu remettre erronés par suite du numérotage.

Les seize liasses comptées ce jour ont été mises sous scellés en attendant leur perforation.

Les titres qu'elles contiennent sont munis de tous leurs coupons, sauf de ceux qui sont les plus rapprochés de la souche, qui ont été coupés par moitié, comme nous l'avons dit dans les procès-verbaux de nos dernières séances.

La commission s'est ajournée au lundi 25 juillet pour faire perforer les liasses ci-dessus et pour mettre en caisses les **39,832** (trente-neuf mille huit cent trente-deux) titres vérifiés et perforés du 20 juillet au 23 inclusivement.

Ces 30,832 obligations forment le solde des titres que la Légation a remis à la commission.

R. du GARREAU.   Ch. de MONTFERRAND.

Dr Louis JANVIER.

PROCÈS-VERBAL

DE LA DOUZIÈME SÉANCE

Le lundi 25 juillet mil huit cent quatre-vingt-sept (1887), à une heure de l'après-midi, la commission s'est réunie à la Légation d'Haïti. Elle a pris les seize liasses vérifiées le samedi 23 juillet, et a donné reçu à la Légation des 6,893 titres qui les composaient. Elles les a transportées au ministère des finances, où leur perforation a eu lieu.

Ce travail terminé, elle a déposé les titres à la Banque nationale d'Haïti.

Avant de procéder à la mise en caisse des 80 liasses renfermant 39,832 obligations perforées du 20 au 25 juillet inclus, la commission a pensé qu'elle devait s'assurer si les numéros des 74 titres dont elle a reconnu le retrait des 80 liasses ci-dessus concordaient bien avec les numéros portés sur la liste du tirage du 15 décembre 1875.

Le pointage qu'a fait la commission a amené les constatations suivantes : Trois titres n°s 90,994 — 95,164 et 101,882 ont été extraits des liasses, bien qu'ils ne figurent pas sur la liste du tirage. Les deux titres n°s 90,995 et 101,822 sont mentionnés sur la liste comme sortis au tirage et n'ont pas cependant été extraits des liasses.

Comme nous l'avons dit dans notre procès-verbal de la séance du 20 juillet, le Gouvernement d'Haïti, qui va se trouver en possession de tous les titres par suite de l'envoi que lui fait la commission des obligations non souscrites et par suite de l'expédition que lui a faite la Légation des obligations amorties, sera à même de se rendre compte de l'importance de ces erreurs.

Après le pointage ci-dessus, la commission a procédé à la mise en caisses des 82 liasses formant le solde des titres qu'elle a reçus de la Légation.

La caisse n° 6, n'ayant pu être complétée lors de la première opération de mise en caisse, avait été conservée sous scellés.

Aux huit liasses qui y avaient été enfermées le 21 juillet, la commission a joint les 14 suivantes :

Nos des Bordereaux.	Liasse.	Nos des Liasses.	Nombre de Titres par Liasse.	Nombre de Titres manquant.
114	1	122.001	500	»
116	1	128.001	500	»
120	1	131.501	500	»
103	1	77.001	498	2
105	1	80.001	499	1
119	1	130.001	500	»
111	1	116.501	499	1
109	1	113.001	497	3
104	1	78.501	498	2
106	1	99.501	496	4
112	1	110.001	500	»
118	1	120.501	500	»
123	1	135.501	500	»
117	1	128.501	500	»
Totaux...	14		6.987	13

La caisse contient donc les obligations ci-après :

Obligations enfermées le 21 juillet : 8 liasses de 3,989 oblig.

D° d° ce jour... 14 d° 6,987 d°

Ensemble vingt-deux liasses de..... 10,976 titres dont il a été extrait 24 obligations sorties au tirage.

Dans la caisse n° 7, la commission a enfermé 18 (dix-huit) liasses, représentant 8,977 obligations et dont 23 titres sont indiqués comme manquant.

Nos des Bordereaux.	Liasse.	Nos des Liasses.	Nombre de Titres par Liasse.	Nombre de Titres manquant.
115	1	122.501	500	»
122	1	135.001	500	»
121	1	133.001	500	»
124	1	153.001	500	»
113	1	121.501	500	»
108	1	111.501	494	6
110	1	113.501	498	2
107	1	104.001	496	4
126	1	87.501	498	2
134	1	76.501	500	»
137	1	144.501	500	»
133	1	108.501	498	2
138	1	148.001	500	»
145	1	165.501	500	»
132	1	105.001	494	6
144	1	165.001	500	»
140	1	149.001	500	»
129	1	95.001	499	1
TOTAUX...	18		8.977	23

Dans la caisse n° 8, la commission a enfermé 18 (dix-huit)

liasses, représentant 8,979 Obligations et dont 21 titres sont indiqués comme manquant.

Nos des Bordereaux.	Liasse.	Nos des Liasses.	Nombre de Titres par Liasse.	Nombre de Titres manquant.
142	1	164.001	500	»
139	1	148.501	500	»
128	1	90.501	496	4
143	1	164.501	500	»
125	1	85.501	497	3
136	1	145.001	500	»
127	1	90.001	498	2
141	1	156.001	500	»
131	1	101.501	496	4
146	1	166.001	500	»
130	1	96.001	496	4
135	1	138.501	500	»
164	1	155.001	500	»
160	1	130.501	500	»
147	1	114.001	496	4
158	1	127.501	500	»
152	1	119.501	500	»
166	1	159.001	500	»
Totaux...	18		8.979	21

Dans la caisse n° 9, la commission a enfermé 16 (seize) liasses, représentant 7,996 Obligations, et dont 4 titres sont indiqués comme manquant.

Nos des Bordereaux.	Liasse.	Nos des Liasses.	Nombre de Titres par Liasse.	Nombre de Titres manquant.
162	1	132.501	500	»
151	1	118.001	500	»
156	1	126.001	500	»
A reporter..	3		1.500	»

Nos des Bordereaux.	Liasse.	Nos des Liasses.	Nombre de Titres par Liasse.	Nombre de Titres manquant.
Report.	3		1.500	»
149	1	117.001	500	»
153	1	123.001	500	»
154	1	123.501	500	»
155	1	125.001	500	»
148	1	115.501	496	4
157	1	126.501	500	»
161	1	131.000	500	»
165	1	157.501	500	»
163	1	154.001	500	»
168	1	163.501	500	»
159	1	129.001	500	»
150	1	117.501	500	»
167	1	163.001	500	»
Totaux...	16		7.996	4

Dans la caisse n° 10, la commission a enfermé 14 (quatorze) liasses, représentant 6,893 obligations, et dont 13 titres sont indiqués comme manquant.

Nos des Bordereaux.	Liasse.	Nos des Liasses.	Nombre de Titres par Liasse.	Nombre de Titres manquant.
169	1	114.501	495	5
131	1	137.001	500	»
174	1	120.501	500	»
175	1	121.001	500	»
172	1	118.501	500	»
176	1	124.001	500	»
173	1	119.001	500	»
178	1	125.501	500	»
170	1	115.001	496	4
A reporter:..	9		4.491	9

Nos des Bordereaux.	Liasse.	Nos des Liasses.	Nombre de Titres par Liasse.	Nombre de Titres manquant.
Report.	9		4.491	9
182	1	166.501	406	»
179	1	127.001	500	»
177	1	124.501	500	»
180	1	132.001	500	»
171	1	116.001	496	4
Totaux...	14		6.893	13

RÉCAPITULATION

Des Obligations mises en Caisse

Nos des Caisses.	Nombre de Liasse.	Nos des Liasses.	Nombre de Titres.	Titres manquant.
6	14	122.001	6.987	13
7	18	122.501	8.977	23
8	18	164.001	8.979	21
9	16	132.501	7.996	4
10	14	114.501	6.893	13
Totaux...	80		39.832	74

Ce qui donne bien un total de quatre-vingts liasses de 39,832 Obligations et de 74 titres manquant.

Dans la caisse n° 10, la commission a enfermé en plus des 14 (quatorze) liasses ci-dessus, deux liasses de titres non numérotées, représentant 996 feuilles.

La commission a fait procéder sous ses yeux à la fermeture

de ces cinq caisses dont les feuilles de fer-blanc ont été soudées intérieurement. Elle a apposé sur chaque caisse deux empreintes à la cire du cachet de la Banque nationale d'Haïti.

Elle ajourne l'expédition des caisses jusqu'à ce qu'elle ait pris livraison des souches des obligations qui lui ont été remises par la Légation.

La commission examine les résultats fournis par l'inventaire qu'elle a fait des obligations de l'Emprunt 1875 déposées à la Légation d'Haïti.

Voici, d'après les documents en sa possession et les renseignements qui lui ont été communiqués (Voir le procès-verbal du 8 juillet), comment s'établit le décompte des . . 166.906 obligations créées :

Il en a été émis par souscription. . . 72,929

Il en a été amorti.. 234

Ensemble à déduire. 73.163

Ce qui réduit à: 93.743
les titres dont la commission avait à prendre livraison à la Légation, ci. 93.743

Or la commission n'a reçu que 182 liasses, représentant 90,906 titres, dont il a été extrait, comme amorties, 221 obligations, soit net 90.685

d'où une différence en moins de. 3.058
titres qui n'ont pas été remis à la commission.

La commission a immédiatement voulu se rendre compte des liasses et des numéros d'obligations qui composaient ces 3,058 titres manquants.

Elle a reconnu que ces numéros étaient les suivants :

72,930	à	73,000.....	71
73,001	à	73,500.....	500
73,501	à	74,000.....	500
74,001	à	74,500.....	500
74,501	à	75,000.....	500
75,001	à	75,500.....	500
75,501	à	76,000.....	500
		Ensemble....	3.071

Que sur ce nombre.......... 15 titres étaient sortis au tirage ponr être amortis, ce qui réduisait à............ 3.056 les numéros des titres manquants.

Mais il y a lieu de remarquer que, dans les procès-verbaux des 20 et 25 juillet, la commission a constaté qu'il avait été extrait des liasses *six* Obligations qui n'étaient pas sorties au tirage, et que *quatre* Obligations sorties n'avaient pas été extraites des liasses. Si donc on retranche des 3,058 titres qui n'ont pas été livrés les deux titres extraits en trop des liasses, on arrive au chiffre correspondant aux numéros des Obligations dont l'absence est constatée.

M. Dujour ayant répondu à la demande de la commission qu'il n'avait aucune connaissance de ces titres et qu'il ignorait où ils pouvaient se trouver, les commissaires ont décidé qu'ils feraient toutes les démarches possibles, soit auprès de l'établissement émetteur, aujourd'hui en liquidation, soit auprès de l'imprimeur, soit auprès du consulat, pour savoir ce qu'étaient devenues les Obligations en question.

La commission s'est ajournée au 27 juillet.

R. du GARREAU. Ch. de MONTFERRAND.
Dr Louis JANVIER.

PROCÈS-VERBAL

DE LA TREIZIÈME SÉANCE

Conformément à sa décision du 25 juillet, la commission s'est rendue aujourd'hui, 26 juillet, auprès du liquidateur du Crédit général français. On sait que cette Société avait été chargée de l'émission de l'Emprunt de 1875.

Après avoir expliqué le but de sa mission, la commission a obtenu les renseignements suivants :

Le Crédit général français a reçu, au moment de l'échange des titres provisoires contre les titres définitifs, 73,000 Obligations définitives de l'Emprunt 1875.

Le montant des titres souscrits s'est élevé à 72,929 ; par suite, il est resté dans la caisse du Crédit général français 71 Obligations que le liquidateur est tout disposé à remettre à la commission.

L'examen des livres a permis à la commission de s'assurer que les six liasses d'obligations, n°s 73,001 à 76,000, n'avaient jamais été déposées au Crédit général français.

La commission a pensé que l'imprimeur Paul Dupont, qui avait confectionné les obligations, pourrait lui indiquer à qui il les avait livrées. Cet imprimeur a bien trouvé la commande, mais, faisant détruire tous les cinq ans les pièces et reçus qui lui sont inutiles, il n'a pu fournir aux commissaires le renseignement qu'ils lui demandaient.

La commission s'est alors transportée au consulat d'Haïti. Le consulat a fait opérer dans les archives qui lui avaient été remises par son prédécesseur des recherches qui ont amené la découverte des titres en question.

Il a été alors convenu que la commission en prendrait livraison le vendredi 29 juillet, date à laquelle elle s'est ajournée.

R. DU GARREAU.   CH. DE MONTFERRAND.

Dr Louis JANVIER.

PROCÈS-VERBAL

DE LA QUATORZIÈME SÉANCE

Le 29 juillet, à neuf heures du matin, la commission s'est transportée au consulat général d'Haïti, 6, avenue de Messine. Elle a été reçue par le consul général, auquel elle a présenté les lettres du ministre des finances qui constituent ses pleins pouvoirs. Après en avoir pris connaissance, le consul général a livré à la commission six liasses de titres représentant deux mille neuf cent quatre-vingt-cinq titres, qui ont été comptés et vérifiés par elle.

Ce travail a donné les résultats suivants :

A la liasse allant du n° 73,001 au n° 73,500, il manque les n°s 73,048 et 73,412, ce qui réduit la liasse à titres. 498

A la liasse allant du n° 73,501 au n° 74,000, il manque les n°s 73,556 — 73,579 — 73,970, ce qui réduit la liasse à titres. 497

A la liasse allant du n° 74,001 au n° 74,500, il manque les n°s 74,367 et 74,499, ce qui réduit la liasse à titres. 498

A la liasse allant du n° 74,501 au n° 75,000, il manque les n°s 74,822 et 74,878, ce qui réduit la liasse à titres. 498

A reporter. . . 1.591

Report...	1.591
A la liasse allant du n° 75,001 au n° 75,500, il manque le n° 75,090, ce qui réduit la liasse à titres.	499
A la liasse allant du n° 75,501 au n° 76,000, il manque les n°s 75,569 — 75,593 — 75,763 — 75,902 et 75,968, ce qui réduit la liasse à titres....	495
Les obligations comprises dans ces six liasses s'élèvent au chiffre de.............	2.985
titres qui, ajoutés aux totaux précédents dont la commission a pris livraison, soit de.......	90.685
titres, donnent le total général de........	93.670
titres, et un total de..............	236

titres manquants.

La commission a transporté les six liasses au ministère des finances et les a fait perforer.

Elle les a déposées ensuite à la Banque nationale d'Haïti, en attendant qu'elles soient mises en caisse et expédiées en Haïti.

La commission s'est ajournée au mercredi 3 août, à deux heures de l'après-midi.

R. du GARREAU.   Ch. de MONTFERRAND.

Dr Louis JANVIER.

PROCÈS-VERBAL

DE LA QUINZIÈME SÉANCE

Le 3 août mil huit cent quatre-vingt-sept, à deux heures de l'après-midi, la commission s'est réunie à la Banque nationale d'Haïti.

Elle a décidé qu'il y avait lieu d'écrire au ministre résident d'Haïti la lettre ci-après, pour lui demander s'il lui convenait de lui remettre les souches des obligations de l'emprunt 1875, et quel jour elle pourrait se présenter à la Légation pour en prendre livraison.

« Paris, le 3 août 1887.

« Monsieur le Ministre,

« La commission nommée pour procéder à la vérification et à l'annulation des titres non émis de l'Emprunt d'Haïti 1875, a terminé ses opérations en ce qui concerne la réception et l'annulation des volants des titres non émis. Il ne lui reste plus qu'à prendre livraison des souches des titres déposées à la Légation pour avoir accompli son mandat.

« Veuillez nous dire, Monsieur le Ministre, s'il vous convient de nous faire cette livraison, et, en cas d'affirmative, quel jour nous pourrions nous présenter à la Légation, pour prendre possession de ces souches.

« Veuillez agréer, Monsieur le Ministre, l'assurance de notre considération. »

Dr Louis JANVIER.   CH. DE MONTFERRAND.   R. DU GARREAU.

En ce qui concerne les titres provisoires de l'emprunt de 1875, la commission est d'avis qu'il y a lieu de les anéantir, ces titres ne pouvant plus avoir aucune espèce d'objet.

En conséquence, elle se rénnira à la Légation d'Haïti, vendredi 5 août, à une heure de l'après-midi, pour en prendre livraison et les détruire.

R. DU GARREAU.   CH. DE MONTFERRAND.

Dr Louis JANVIER.

PROCÈS-VERBAL

DE LA SEIZIÈME SÉANCE

Le 5 août, à une heure de l'après-midi, la commission s'est réunie à la Banque nationale d'Haïti. Conformément à la délibération prise dans la séance précédente, elle s'est transportée à la Légation d'Haïti, où elle a pris livraison de cinquante-cinq cahiers de titres provisoires de l'emprunt d'Haïti de 1875, dont le détail se trouve indiqué dans le reçu donné à la Légation et dont copie suit :

Reçu de la Légation d'Haïti quarante-six cahiers de titres provisoires de l'emprunt de juin 1875, dont voici les numéros : 47 — 48 — 49 — 52 — 53 — 54 — 55 — 56 — 57 — 58 — 59 — 60 — 61 — 63 — 64 — 65 — 66 — 67 — 68 — 69 — 70 — 72 — 73 — 75 — 77 — 78 — 79 — 80 — 81 — 82 — 83 — 84 — 85 — 86 — 87 — 89 — 90 — 92 — 93 — 94 — 95 — 96 — 97 — 98 — 99 — 100 ; de neuf volumes non numérotés, renfermant des titres de deux obligations l'un, de vingt-cinq obligations l'un, de cinquante obligations l'un.

Paris, le 5 août 1887.

Le Président de la Commission,

Dr JANVIER.

Les cinquante-cinq cahiers ont été déposés à la Banque nationale d'Haïti, en attendant qu'ils soient détruits.

La commission s'est ajournée au lendemain samedi, à deux heures de l'après-midi.

R. du GARREAU.   Ch. de MONTFERRAND.

Dr Louis JANVIER.

PROCÈS-VERBAL

DE LA DIX-SEPTIÈME SÉANCE

La commission s'est réunie le 6 août à la Banque nationale d'Haïti. Elle a pris livraison des soixante et onze obligations, nos 72,930 à 73,000, qui lui ont été remises par le Crédit Général Français.

La commission les a annulées et déposées à la Banque d'Haïti pour être mises en caisse en même temps que les 2,985 (deux mille neuf cent quatre-vingt-cinq) obligations reçues du Consulat général.

En ajoutant aux. 93.670
titres dont la commission a pris livraison, les. . . .   71
obligations ci-dessus, on obtient le total de . . . 93.741
au lieu de celui de. 93.743
titres qui devaient être livrés à la commission.

Ce qui constitue une différence de *deux* titres en moins que nous avons expliquée dans le procès-verbal du 25 juillet dernier et qui provient de ce qu'il a été extrait des liasses, comme sortis au tirage, *deux* titres en trop.

La commission prend connaissance de la lettre qui lui est adressée par la Légation, en réponse à celle qu'elle a fait parvenir à cette dernière pour lui demander de remettre les souches aux commissaires.

Voici la copie de cette lettre :

« Paris, le 4 août 1887.

« Messieurs,

« Le Ministre d'Haïti, en ce moment absent, vient de me transmettre la lettre, en date d'hier, que vous avez bien voulu lui écrire pour lui annoncer que la commission nommée pour procéder à la vérification des titres non émis de l'emprunt 1875, a terminé ses opérations en ce qui concerne la réception et l'annulation des volants des titres non émis, et qu'il ne lui restait qu'à prendre livraison des souches des titres déposées à la Légation, pour avoir accompli son mandat.

« En réponse, je m'empresse de vous faire connaître que la Légation ne peut se dessaisir de ces souches sans un ordre de M. le Secrétaire d'État des finances. Comme vous le savez, à chacune de ces souches se trouve attachée une partie du titre portant le même numéro; et, dans ces conditions, ces souches contiennent la preuve matérielle que tous les titres ont été délivrés après avoir été mis hors de service.

« Si M. le Secrétaire d'État aux finances juge qu'après le travail de vérification si minutieuse et si complète de la commission, cette garantie matérielle est devenue superflue, la Légation s'empressera, sur son ordre, de remettre ces souches à la commission.

« En ce qui concerne les six liasses de titres qui manquaient à la Légation et au sujet desquelles vous m'avez fait une communication verbale, je tiens à vous dire qu'elles avaient été déposées entre les mains de M. Charles Noël, en garantie d'une avance, et que le Gouvernement s'était engagé à les faire signer, s'il y avait lieu.

« On a négligé de les reprendre de ses mains, après le

remboursement de l'avance qu'il avait faite, de même que les 71 titres restés au Crédit général français; et, lors de la nomination de M. J.-P. Simmonds à Paris, M. Charles Noël lui a remis ces liasses de titres qui, n'avaient d'ailleurs point été signés, avec les archives du consulat général.

« Il me reste à vous faire connaître que je me tiens à votre disposition pour vous remettre les liasses de titres provisoires déposées à la Légation et qui sont destinées à être pilonnées.

« Agréez, Messieurs, les assurances de ma considération distinguée.

« Pour le ministre et par autorisation spéciale,

Le Secrétaire de la Légation d'Haïti,

« *Signé* : D. DUJOUR. »

En présence de cette réponse, la commission charge M. de Montferrand, l'un de ses membres, de voir M. le Ministre des finances d'Haïti, de passage à Paris, et de lui remettre une Note qui indique les motifs pour lesquels la commissaires croient devoir insister pour obtenir de la Légation les souches des obligations non émises de l'emprunt de 1875.

La commission s'ajourne à mardi, 9 août, et se réunira à deux heures à la Banque nationale d'Haïti.

R. DU GARREAU.   CH. DE MONTFERRAND.

Dr Louis JANVIER.

PROCÈS-VERBAL
DE LA DIX-HUITIÈME SÉANCE

Le mardi 9 août mil huit cent quatre-vingt-sept, à deux heures de l'après-midi, la commission s'est réunie à la Banque nationale d'Haïti. M. de Montferrand lui a fait connaître que, conformément au mandat qu'elle lui avait donné, il avait eu un entretien avec le ministre des finances d'Haïti, pour en obtenir l'autorisation exigée par le consul, pour remettre aux commissaires le récépissé des titres provisoires qui se trouvaient dans les archives du consulat, et, par le ministre résident, pour leur délivrer les souches des obligations non émises de l'emprunt de 1875, retenues par la Légation.

A la suite de cet entretien, le ministre des finances a remis l'autorisation concernant le consulat et ajourné la remise de l'autorisation concernant la délivrance des souches.

Munie de la lettre d'autorisation du ministre des finances, la commission s'est présentée chez le consul général. Sur la demande de ce dernier, elle a ajourné au jeudi matin 11 août, à neuf heures, la prise de possession des titres provisoires.

Afin de se rendre compte de la quantité des titres provisoires dont elle pourrait avoir à prendre livraison, tant à la Légation qu'au consulat général, la commission s'est rendue à la liquidation du Crédit général français, 3, rue Bretonvilliers. Il est résulté des explications qui lui ont été fournies et des documents mis à sa disposition, que tous les récépissés provisoires ont été remis à la Légation par le Crédit Général Français, à l'exception des suivants, provenant de porteurs exécutés à la Bourse pour n'avoir pas effectué les versements en temps voulu :

   124 récépissés de 1 obligation.
    8 » de 2 obligations.
    4 » de 5 »
    4 » de 10 »

La commission décide qu'elle se réunira jeudi, à huit heures et demie du matin, à la Banque nationale d'Haïti.

R. du GARREAU.   Ch. de MONTFERRAND,

  Dr Louis JANVIER.

PROCÈS-VERBAL

DE LA DIX-NEUVIÈME SÉANCE

Le 11 août mil huit cent quatre-vingt-sept, à huit heures et demie du matin, la commission s'est réunie à la Banque nationale d'Haïti. L'un de ses membres, M. de Montferrand, l'informe que M. le ministre des finances d'Haïti a autorisé M. le ministre résident à remettre à la commission les souches correspondant aux obligations de l'emprunt de 1875 dont elle a déjà pris livraison. La commission décide qu'elle se rendra à la Légation, à une heure et demie, pour prendre possession des souches en question.

En attendant, elle se transporte au Consulat général d'Haïti, pour y recevoir livraison des liasses de récépissés provisoires que M. le consul général doit lui remettre, conformément à ce qui a été convenu avec ce dernier, le 9 août.

La commission est reçue par le chancelier, qui lui remet seize liasses de récépissés provisoires ficelées et scellées avec le cachet à la cire rouge de la Légation d'Haïti.

Les commissaires transportent à la Banque nationale d'Haïti les seize liasses en question pour être détruites, le 12 août, chez M. Bardet, 9, rue Poliveau, en même temps que les *cinquante-cinq* volumes de récépissés provisoires qui ont été livrés à la commission, le 9 août, par la Légation.

La commission s'ajourne à une heure et demie de l'après midi, pour se rendre à la Légation, afin d'y recevoir les souches dont il est parlé dans le premier paragraphe de ce procès-verbal.

R. du GARREAU,   Ch. de MONTFERRAND.

Dr Louis JANVIER.

PROCÈS-VERBAL

DE LA VINGTIÈME SÉANCE

La commission s'est réunie, à une heure et demie, à la Légation d'Haïti, 9, rue Montaigne, où les souches sont mises à sa disposition, pour qu'elle en prenne possession.

La commission en opère le classement et reconnaît que le nombre, qui est de *cent quatre-vingt-quatre*, correspond aux *cent quatre-vingt-deux* liasses d'obligations, dont les commissaires ont pris livraison et aux deux liasses de titres non numérotées dont la commission a également pris livraison précédemment.

Dans le travail de classement des souches, les commissaires ont trouvé un petit volume de 94 (quatre-vingt-quatorze) obligations définitives non numérotées et non soumises à la mesure de précaution consistant dans la séparation des titres de la souche, à la hauteur de la moitié du coupon le plus rapproché du talon.

La commission en a pris livraison et donné reçu à la Légation; elle a aussi donné reçu des (cent quatre-vingt-quatre) souches qui lui ont été livrées.

Le tout a été transporté à la Banque nationale d'Haïti pour être mis en caisse et expédié en Haïti, le jour qui sera fixé par la commission.

La commission s'ajourne au vendredi 12 août, à une

heure et demie, pour procéder à la destruction des récépissés provisoires reçus tant de la Légation que du Consulat, et pour mettre en caisse les soixante et onze Obligations de l'emprunt de 1875, provenant du Crédit Général Français, et dont elle a pris livraison, le 6 août courant, ainsi que les 2,985 (deux mille neuf cent quatre-vingt-cinq) obligations définitives reçues du Consulat général, le 29 juillet dernier.

R. DU GARREAU.   CH. DE MONTFERRAND.

Dr Louis JANVIER.

PROCÈS-VERBAL

DE LA VINGT ET UNIÈME SÉANCE

La commission s'est réunie le 12 août, à une heure et demie de l'après-midi, à la Banque nationale d'Haïti.

Elle a procédé à la mise en caisse des 3,056 (trois mille cinquante-six) obligations définitives de l'emprunt de 1875, qui complètent le nombre des 93,741 titres dont elle a pris livraison. Ces obligations sont enfermées dans une caisse confectionnée comme les précédentes; elle porte le n° 11.

Voici les numéros des titres déposés dans cette caisse :

Caisse.	Bordereaux.	Numéros des Obligations.		Nombre d'Obligations manquant.	Nombre d'Obligations dans chaque liasse.
11	185.bis	72.530 à	73.000	»	71
11	185	73.001	73.500	2	498
11	186	73.501	74.000	3	497
11	187	74.001	74.500	2	498
11	188	74.501	75.000	2	498
11	183	75.001	75.500	1	499
11	184	75.501	76.000	5	495
				15	3.056

La commission a encore enfermé dans la même caisse la souche n° 335, comprenant 94 titres non numérotés qu'elle a trouvés à la Légation en prenant livraison des souches.

La commission a fait souder les feuilles de fer-blanc formant l'intérieur de la caisse, qui a été ensuite clouée et sur laquelle a été apposée l'empreinte à la cire rouge du cachet de la Banque nationale d'Haïti.

Cette opération terminée, les commissaires font transporter, en les accompagnant, chez M. Bardet, pour être détruits, les récépissés provisoires de l'emprunt de 1875 qu'ils ont reçus, tant de la Légation d'Haïti que du Consulat général.

Ces récépissés sont représentés par *cinquante-cinq* volumes non utilisés provenant de la Légation et seize liasses de titres ayant été en circulation et provenant du Consulat général.

Arrivés à destination, les commissaires commencent la destruction par les seize liasses, qui sont livrées une à une à M. Bardet, qui les a fait immédiatement déchirer en morceaux, sous les yeux de la commission. Les seize liasses déchirées, on procède de la même façon pour les volumes. Tous les morceaux de récépissés sont ensuite empilés dans un sac et envoyés dans une usine à papier pour être, suivant l'expression du commerçant, mis à la fonte, c'est-à-dire réduits en pâte dans des chaudières.

Ce travail de destruction terminé, la commission s'ajourne au mercredi 17 août, à deux heures de l'après-midi, pour mettre en caisse les souches, à la Banque nationale d'Haïti.

R. du GARREAU. Ch. de MONTFERRAND.

Dr Louis JANVIER.

PROCÈS-VERBAL

DE LA VINGT-DEUXIÈME SÉANCE

Le 17 août mil huit cent quatre-vingt-sept, à deux heures de l'après-midi, la commission s'est réunie à la Banque nationale d'Haïti, pour procéder, conformément à sa décision du 12 août, à la mise en caisse des 184 (cent quatre-vingt-quatre) souches, dont elle a pris livraison à la Légation d'Haïti.

Ces souches ont été enfermées dans cinq caisses qui portent les numéros : 12 — 13 — 14 — 15 et 16 et sont marquées G. H.

Dans la caisse n° 12 sont renfermées les souches portant les numéros. . . . . : 153 à 192. . 40

Dans la caisse 13, les souches n°s 193 à 232. . 40

Dans la caisse 14, les souches n°s 233 à 272. . 40

Dans la caisse 15, les souches n°s 273 à 312. . 40

Dans la caisse 16, les souches n°s 313 à 334. . 22

—   —   n°s 336 à 337. . 2

Ensemble. 184

Les caisses ont été clouées et sur chacune d'elles a été apposée l'empreinte à la cire rouge du cachet de la Banque nationale d'Haïti.

La commission décide que les onze caisses contenant les

obligations définitives de l'emprunt de 1875, et les cinq caisses contenant les souches desdites obligations seront expédiées demain au Havre pour être chargées sur un bateau de la Compagnie Hambourgeoise partant, le 29 de ce mois, à destination de Port-au-Prince.

La commission s'ajourne à vendredi matin, et se réunira à la Banque nationale d'Haïti.

R. du GARREAU.   Ch. de MONTFERRAND.

Dr Louis JANVIER.

PROCÈS-VERBAL

DE LA VINGT-TROISIÈME SÉANCE

Avant de clore ses opérations, la commission a voulu acquérir la certitude qu'elle avait inventorié et annulé non seulement le solde non émis des 166,906 (cent soixante-six mille neuf cent six) obligations créées en vue de l'emprunt de 1875, mais encore tous les titres non numérotés fournis par l'imprimeur, pour permettre de réparer les erreurs de numérotage qui auraient pu se produire.

A cet effet, elle s'est rendue chez l'imprimeur Paul Dupont, chargé en 1875 de la confection de ces titres, afin de connaître exactement le nombre d'obligations qu'il avait fabriquées et livrées pour le compte du Gouvernement d'Haïti.

M. Paul Dupont a déclaré qu'il avait imprimé et livré 168,000 titres. Cette déclaration a permis à la commission de se convaincre qu'elle avait obtenu le résultat demandé.

Voici, en effet, la reconstitution des cent soixante-huit mille titres confectionnés par l'imprimeur.

Obligations en circulation..............	72.929
Obligations extraites des liasses comme sorties au tirage (Voir les procès-verbaux des 20 et 25 juillet)...........................	236
A reporter...	73.165

Report...	73.165
Obligations définitives annulées et expédiées à Port-au-Prince............	93.741
Obligations non numérotées, deux liasses, d'ensemble................	996
Souche n° 335 non numérotée......	94
Ensemble....	167.996
Titres non numérotés, livrés comme spécimen, d'après la déclaration de M. le ministre résident.	4
Total.....	168.000

titres, chiffre conforme à celui des titres fournis par l'imprimeur.

La commission arrête les termes de la lettre à adresser à M. le Secrétaire d'État des finances et du commerce d'Haïti, pour lui faire connaître le résultat de ses travaux et lui annoncer l'envoi des obligations inventoriées et annulées.

Ci-après la copie de cette lettre.

R. du GARREAU.   Ch. de MONTFERRAND.

Dr Louis JANVIER.

LETTRE

à M. le Secrétaire d'État des Finances et du Commerce d'Haïti.

« Monsieur le Secrétaire d'État,

« La commission formée d'après la demande que vous avez adressée à M. le Président de la Banque nationale d'Haïti, à Paris, dans votre lettre du 15 février dernier, et d'après la dépêche que vous avez fait parvenir à M. le Docteur Louis Joseph Janvier, le 15 février 1887, a l'honneur de vous rendre compte de la façon dont elle a accompli la mission que vous avez bien voulu lui confier.

« Cette mission avait pour objet de faire l'inventaire des obligations non émises de l'emprunt de 1875, de les faire annuler et de les expédier à Port-au-Prince.

« La commission a dû, dès le début de ses opérations, se préoccuper d'établir le chiffre des obligations non émises de l'emprunt de 1875. Il ressort du premier procès-verbal de ses travaux que le chiffre devait être de . . . . 93.743 titres.

« Elle pensait que tous ces titres lui seraient remis par la Légation d'Haïti, tandis que les obli-

A reporter. . . 93.743

Report...	93.743
gations qui lui ont été livrées par celle-ci ne se sont élevées qu'à.	90.685

« La commission a reçu la différence comme suit :

« Du Consulat général.	2.985
« Du Crédit général français.	71
« Ensemble.	93.741

titres qu'elle a fait annuler et qu'elle expédie au Gouvernement d'Haïti dans des caisses portant comme marque G. H., et comme numéros 1 à 11.

« Les obligations qui auraient dû être remises à la commission étant de 93,743 au lieu de 93,741 qu'elle a reçues, il en résulte une différence en moins de deux titres, qui se trouve expliquée dans les procès-verbaux des 20 et 25 juillet.

« Vous remarquerez, Monsieur le Secrétaire d'État, que la commission a pu obtenir de faire annuler les obligations qui sont expédiées au Gouvernement d'Haïti, au ministère des finances de France, et par les appareils dont il se sert pour annuler ses propres titres.

« Les 90,685 obligations contenues dans les caisses n°s 1 à 10 ne comprennent que la partie des titres que M. le ministre résident avait cru, par mesure de précaution, devoir faire détacher de la souche.

« Pour pouvoir envoyer l'intégralité de chaque titre, — ce qui est conforme à la lettre et à l'esprit de vos instructions, — la commission a cru qu'elle se trouvait dans l'obligation d'insister pour obtenir la délivrance des souches. (Voir les procès-verbaux des 15e et 17e séances.)

« Ces souches, au nombre de 184, correspondent aux

182 liasses représentant 90,685 obligations et aux deux liasses de titres non numérotés reçues de la Légation. Elles sont enfermées dans les caisses G. H., n⁰ˢ 12 à 16, qui sont expédiées au Gouvernement d'Haïti, en même temps que les dix caisses renfermant les 90,685 obligations définitives.

« La caisse n° 11 contient les 3,056 titres qui complètent le nombre de 93,741 obligations dont la commission a pris livraison, et la souche n° 335, qu'elle a trouvée à la Légation, en prenant livraison des souches. Ces 3,056 titres sont entiers; ils lui ont été remis par le Consulat général d'Haïti et par le Crédit général français.

« Ayant à inventorier et à annuler les titres non émis de l'emprunt de 1875, la commission a pensé qu'elle ne devait pas laisser subsister les récépissés provisoires de souscription de cet emprunt qui, sans aucun objet aujourd'hui, encombraient inutilement les archives de la Légation et du Consulat général.

« La commission a pris livraison, à la Légation, de cinquante-cinq volumes de récépissés qui n'avaient jamais été utilisés, et au Consulat général, de seize liasses de récépissés retirés de la circulation et annulés seulement par un timbre humide. Tous ces récépissés ont été détruits, conformément aux procédés usités dans les établissements financiers en France. (Voir le procès-verbal de la 21ᵉ séance.)

« La commission vous fait parvenir, Monsieur le Secrétaire d'État, en même temps que cette lettre, le registre des procès-verbaux où se trouvent relatées en détail toutes ses opérations. Vous verrez qu'elle a scupuleusement rempli la mission qui lui a été confiée. Elle espère avoir atteint le but que vous vous proposiez.

« La commission vous adresse également un bordereau récapitulatif des Obligations qui sont contenues dans les onze caisses. Ce bordereau indique les numéros des titres renfermés dans chaque caisse et leur nombre.

« Veuillez agréer, Monsieur le Secrétaire d'État, avec le profond respect des commissaires, l'assurance de leurs sentiments les plus distingués. »

Les Membres de la Commission,

R. du GARREAU.   Ch. de MONTFERRAND.

Dr Louis JANVIER.

RÉPUBLIQUE D'HAÏTI

Port-au-Prince, 13 Septembre 1887
(An 84ᵉ de l'Indépendance).

LE SECRÉTAIRE D'ÉTAT au Département des Finances et du Commerce.

Monsieur le Docteur Louis Joseph JANVIER,
Messieurs Ch. de MONTFERRAND et Roger du GARREAU,
Président et Membres de la Commission pour la vérification et l'annulation des Titres non émis de l'Emprunt d'Haïti de 1875,

PARIS.

MONSIEUR LE PRÉSIDENT,
MESSIEURS LES MEMBRES DE LA COMMISSION,

Vous m'avez fait l'honneur de m'adresser votre lettre du 24 août dernier pour me transmettre le livre des procès-verbaux de vos séances et le relevé des obligations de l'emprunt d'Haïti de 1875 . . . .
. . . .
. . . .

Vous avez, Messieurs, pleinement justifié l'attente du Gouvernement en menant à bonne fin la mission qui vous a été confiée. Il n'attendait pas moins de votre zèle, de vos talents et votre dévouement. Aussi suis-je heureux d'avoir des félicitations à vous adresser en son nom.

J'ai l'honneur d'en saisir l'occasion, Messieurs, pour vous prier d'agréer les assurances de ma plus haute considération.

PAR AUTORISATION :

Le Chef de Division,

Signé : D. DAUMEC.

RELEVÉ des OBLIGATIONS de l'Emprunt de 1875,
comptées, annulées et expédiées au Gouvernement d'Haïti, par la Commission instituée à cet effet.

Nos des Caisses	Nos des Bordereaux	NUMÉROS des OBLIGATIONS		NOMBRE d'Obligations	OBLIGATIONS manquant	NOMBRE DE TITRES dans chaque liasse
		DE	A			
1	4	82.501	83.000	500	6	494
1	1	83.501	84.000	500	»	500
1	7	84.501	85.000	500	3	497
1	8	81.501	82.000	500	3	497
1	9	95.501	96.000	500	3	497
1	10	100.501	101.000	500	2	498
1	11	79.001	79.500	500	2	498
1	5	98.501	99.000	500	4	496
1	3	105.501	106.000	500	4	496
1	6	110.001	110.500	500	2	498
1	13	88.001	88.500	500	2	498
1	15	92.501	93.000	500	»	500
1	16	97.501	98.000	500	1	499
1	19	110.501	111.000	500	4	496
1	21	141.501	142.000	500	»	500
1	2	82.001	82.500	500	1	499
1	14	91.501	92.000	500	6	494
1	22	143.501	144.000	500	»	500
				9.000	43	8.957
2	12	86.501	87.000	500	2	498
2	17	108.001	108.500	500	1	499
2	18	109.001	109.500	500	6	494
2	20	112.501	113.000	500	3	497
2	34	156.501	157.000	500	»	500
2	40	160.001	160.500	500	»	500
			A reporter.	3.000	12	2.988

Nos des Caisses	Nos des Bordereaux	NUMÉROS des OBLIGATIONS		NOMBRE d'Obligations	OBLIGATIONS manquant	NOMBRE DE TITRES dans chaque liasse
			Report..	3.000	12	2.988
2	27	De 147.001	à 147.500	500	»	500
2	35	158.501	159.000	500	»	500
2	26	143.001	143.500	500	»	500
2	23	89.501	90.000	500	1	499
2	39	154.501	155.000	500	»	500
2	36	162.001	162.500	500	»	500
2	30	161.001	161.500	500	»	500
2	32	140.001	140.500	500	»	500
2	25	106.001	106.500	500	2	498
2	24	86.001	86.500	500	2	498
2	41	144.001	144.500	500	»	500
2	37	160.501	161.000	500	»	500
2	38	162.501	163.000	500	»	500
2	42	147.501	148.000	500	»	500
2	33	157.001	157.500	500	»	500
2	31	158.001	158.500	500	»	500
				11.000	17	10.983
3	18	159.501	160.000	500	»	500
3	29	161.501	162.000	500	»	500
3	43	76.001	76.500	500	3	497
3	44	80.501	81.000	500	3	497
3	45	83.001	83.500	500	3	497
3	46	91.001	91.500	500	4	496
3	47	93.001	93.500	500	3	497
3	48	93.501	94.000	500	1	499
3	49	94.001	94.500	500	4	496
3	50	102.501	103.000	500	1	499
3	53	84.001	84.500	500	3	497
3	55	107.501	108.000	500	»	500
3	56	136.001	136.500	500	»	500
			A reporter.	6.500	25	6.475

Nos des Caisses	Nos des Bordereaux	NUMÉROS des OBLIGATIONS		NOMBRE d'Obligations	OBLIGATIONS manquant	NOMBRE DE TITRES dans chaque liasse
		Report.		6.500	25	6.475
3	57	De 139.501	à 140.000	500	»	500
3	58	141.001	141.500	500	»	500
3	59	142.001	142.500	500	»	500
3	60	142.501	143.000	500	»	500
3	61	146.501	147.000	500	»	500
				9.000	25	8.975
4	51	104.501	105.000	500	2	498
4	52	111.001	111.500	500	3	497
4	54	85.001	85.500	500	»	500
4	62	155.501	156.000	500	»	500
4	64	87.001	87.500	500	5	495
4	65	88.501	89.000	500	1	499
4	67	99.001	99.500	500	3	497
4	68	103.501	104.000	500	2	498
4	69	106.501	107.000	500	5	495
4	70	112.001	112.500	500	3	497
4	71	89.001	89.500	500	»	500
4	72	94.501	95.000	500	»	500
4	74	139.001	139.500	500	»	500
4	76	145.501	146.000	500	»	500
4	79	150.501	151.000	500	»	500
4	80	151.001	151.500	500	»	500
4	81	152.001	152.500	500	»	500
4	82	153.501	154.000	500	»	500
				9.000	24	8.976
5	77	146.001	146.500	500	»	500
5	63	79.501	80.000	500	1	499
5	78	149.501	150.000	500	»	500
5	75	140.501	141.000	500	»	500
			A reporter.	2.000	1	1.999

N°s des Caisses	N°s des Bordereaux	NUMÉROS des OBLIGATIONS		NOMBRE d'Obligations	OBLIGATIONS manquant	NOMBRE DE TITRES dans chaque liasse
			Report..	2.000	1	1.999
5	66	De 92.001	à 92.500	500	3	497
5	73	138.001	138.500	500	»	500
5	89	100.001	100.500	500	2	498
5	95	133.501	134.000	500	»	500
5	102	152.501	153.000	500	»	500
5	85	81.001	81.500	500	3	497
5	90	101.001	101.500	500	2	498
5	97	134.501	135.000	500	»	500
5	91	102.001	102.500	500	1	499
5	93	109.501	110.000	500	5	495
5	98	136.501	137.000	500	»	500
5	86	96.501	97.000	500	5	495
5	87	97.001	97.500	500	1	499
5	88	98.001	98.500	500	4	496
				9.000	27	8.973
6	96	134.001	134.500	500	»	500
6	101	151.501	152.000	500	»	500
6	94	117.001	117.500	500	»	500
6	84	78.001	78.500	500	4	496
6	99	137.501	138.000	500	»	500
6	83	77.501	78.000	500	4	496
6	92	103.001	103.500	500	3	497
6	100	150.001	150.500	500	»	500
6	114	122.001	122.500	500	»	500
6	116	128.001	128.500	500	»	500
6	120	131.501	132.000	500	»	500
6	103	77.001	77.500	500	2	498
6	105	80.001	80.500	500	1	499
6	119	130.001	130.500	500	»	500
6	111	116.501	117.000	500	1	499
			A reporter.	7.500	15	7.485

Nos des Caisses	Nos des Bordereaux	NUMÉROS des OBLIGATIONS		NOMBRE d'Obligations	OBLIGATIONS manquant	NOMBRE DE TITRES dans chaque liasse
			Report..	7.500	15	7.485
6	109	De 113.001	à 113.500	500	3	497
6	104	78.501	79.000	500	2	498
6	106	99.501	100.000	500	4	496
6	112	120.001	120.500	500	»	500
6	118	129.501	130.000	500	»	500
6	123	135.501	136.000	500	»	500
6	117	128.501	129.000	500	»	500
				11.000	24	10.976
7	115	122.501	123.000	500	»	500
7	122	135.001	135.500	500	»	500
7	121	133.001	133.500	500	»	500
7	124	153.001	153.500	500	»	500
7	113	121.501	122.000	500	»	500
7	108	111.501	112.000	500	6	494
7	110	113.501	114.000	500	2	498
7	107	104.001	104.500	500	4	496
7	126	87.501	88.000	500	2	498
7	134	76.501	77.000	500	»	500
7	137	144.501	145.000	500	»	500
7	133	108.501	109.000	500	2	498
7	138	148.001	148.500	500	»	500
7	145	165.501	166.000	500	»	500
7	132	105.001	105.500	500	6	494
7	144	165.001	165.500	500	»	500
7	140	149.001	149.500	500	»	500
7	129	95.001	95.500	500	1	499
			A reporter.	9.000	23	8.977

Nos des Caisses	Nos des Bordereaux	NUMÉROS des OBLIGATIONS		NOMBRE d'Obligations	OBLIGATIONS manquant	NOMBRE DE TITRES dans chaque liasse
8	142	De 164.001	à 164.500	500	»	500
8	139	148.501	149.000	500	»	500
8	128	90.501	91.000	500	4	496
8	143	164.501	165.000	500	»	500
8	125	85.501	86.000	500	3	497
8	136	145.501	146.000	500	»	500
8	127	90.001	90.500	500	2	498
8	141	156.001	156.500	500	»	500
8	131	101.501	102.000	500	4	496
8	146	166.001	166.500	500	»	500
8	130	96.001	96.500	500	4	496
8	135	138.501	139.000	500	»	500
8	164	155.001	155.500	500	»	500
8	160	130.501	131.000	500	»	500
8	147	114.001	114.500	500	4	496
8	158	127.501	128.000	500	»	500
8	152	119.501	120.000	500	»	500
8	166	159.001	159.500	500	»	500
				9.000	21	8.979
9	162	132.501	133.000	500	»	500
9	151	118.001	118.500	500	»	500
9	156	126.001	126.500	500	»	500
9	149	117.001	117.500	500	»	500
9	153	123.001	123.500	500	»	500
9	154	123.501	124.000	500	»	500
9	155	125.001	125.500	500	»	500
9	148	115.501	116.000	500	4	496
9	157	126.501	127.000	500	»	500
9	161	131.001	131.500	500	»	500
9	165	157.501	158.000	500	»	500
9	163	154.001	154.500	500	»	500
			A reporter.	6.000	4	5.596

Nos des Caisses	Nos des Bordereaux	NUMÉROS des OBLIGATIONS		NOMBRE d'Obligations	OBLIGATIONS manquant	NOMBRE DE TITRES dans chaque liasse
		Report..		6.000	4	5.996
9	168	De 163.500	à 164.000	500	»	500
9	159	129.001	129.500	500	»	500
9	150	117.501	118.000	500	»	500
9	167	163.001	163.500	500	»	500
				8.000	4	7.996
10	169	114.501	115.000	500	5	495
10	181	137.001	137.500	500	»	500
10	174	120.501	121.000	500	»	500
10	175	121.001	121.500	500	»	500
10	172	118.501	119.000	500	»	500
10	176	124.001	124.500	500	»	500
10	173	119.001	119.500	500	»	500
10	178	125.501	126.000	500	»	500
10	170	115.001	115.500	500	4	496
10	182	166.501	166.906	406	»	406
10	179	127.001	127.500	500	»	500
10	177	124.501	125.000	500	»	500
10	180	132.001	132.500	500	»	500
10	171	116.001	116.500	500	4	496
				6.906	13	6.893
11	185 bis	72.930	73.000	71	»	71
11	185	73.001	73.500	500	2	498
11	186	73.501	74.000	500	3	497
11	187	74.001	74.500	500	2	498
11	188	74.501	75.000	500	2	498
11	183	75.001	75.500	500	1	499
11	184	75.501	76.000	500	5	495
				3.071	15	3.056

Souche **335** contenant 94 Obligations non numérotées.

RÉCAPITULATION

NUMÉROS des CAISSES	NOMBRE D'OBLIGATIONS	OBLIGATIONS MANQUANT	NOMBRE DE TITRES dans chaque liasse
1	9.000	43	8.957
2	11.000	17	10.983
3	9.000	25	8.975
4	9.000	24	8.976
5	9.000	27	8.973
6	11.000	24	10.976
7	9.000	23	8.977
8	9.000	21	8.979
9	8.000	4	7.996
10	6.906	13	6.893
11	3.071	15	3.056
	93.977	236	93.741

La Commission devait prendre livraison de . . 93.743

D'où une différence en moins de . . . . 2 titres.

Cette différence provient de ce qu'il a été extrait des liasses de titres 236 obligations, au lieu de 234, qui devaient être retirées comme sorties au tirage.

Les procès-verbaux de la Commission des 20 et 25 juillet 1887 contiennent des explications à ce sujet.

9038. — PARIS — IMPRIMERIE Vᵉ ÉTHIOU PÉROU ET FILS

9038. — PARIS. — IMP. Vᵉ ÉTHIOU PÉROU ET FILS, RUE DE DAMIETTE, 2 ET 4.

www.ingramcontent.com/pod-product-compliance
Lightning Source LLC
LaVergne TN
LVHW050556090426
835512LV00008B/1190